Jäminkipohjan maksiimi

Teemu Paarlahti

Jäminkipohjan maksiimi

Kollaasi

Jäminkipohjan maksiimi. Kollaasi.

© 2020 Paarlahti, Teemu

Kustantaja: BoD – Books on Demand, Helsinki, Suomi
Valmistaja: BoD – Books on Demand, Norderstedt, Saksa
ISBN: 9789528023241

Cadillacille

Silmänpohjastani otettiin kuva.

Siinä näkyi

sinun kuvasi

sinistä, vihreää

ja rypsipellonkeltaista.

Kivi ja vihreä

En haluaisi viedä sinua,

arkailen astua männyn alle nuuskimaan

aikaa, jonka sammal on imenyt

vuosia sitten

mennään mieluummin vaikka Dublinin ovista

länteen, katsotaan olkapää kainalossa kaikki

se vesi

ja mitä on kun ei pelkää,

niin että jos minua rakastat, rakastat itseesi

jokaisen kiven ja vihreän

sillä reunalla lupaan tarjouksen jota et voi kieltää,

tässä vieraudessa painin kanssasi

tutun selän kuvia.

Vähän sen jälkeen kun mustalaisleiri oli muuttanut
siltä mäeltä taivaaseen

ja maa myyty alle kolmikymppiselle,

nousi huopahattu kallion päälle
katselemaan järvelle ja tervasrosoista mäntyä,
rannaksi tippuvaa tienoota.

Sillä puheella syntyi puuplassi,
mistä pääsi livahtamaan minin sivuitse
väljälle nurmelle.

silloin ei kaupasta saanut ranskalaista jugurttia
eikä asbestista keuhkosyöpää,
poika oli iässä jossa autoilla on silmät
ja meidän isä teidän isää vahvempi.

Sen värisiä ei tehdä enää.

Sata-amppeerisen penkeissä haisi kesä,
kun elämään purtiin kiinni hampaat kalisten,
työnnettiin pihan reunassa kuulaa
hei poispäin autosta pojat,
sitten ranta taas täynnä keskenkasvuisia Kristuksia
ja mummun mekko kukki monivuotisena.

Sladen ja Kekkosen henki liikkui vetten yllä.

Kivillä oli koko kuninkaan armada,
lähetettiin tekstiviestejä
kaarnalaivoilla

puiden väliin ja rinteeseen jäi monta
puolitekoista lausetta,
syömäänhuudon poikkipanemaa.

Kun olin lapsi,
koivuklapeihin ei koskettu.
Kaikki kesät rikkomaton rauha
aaltopellin alla.

Vastarannalla saha kolisi kolmessa vuorossa
yhtä toista lankunpätkää padan alle.
Pantiin leppäistä loput.

Meillä ei kirottu.
Sahaa sai melkein,
muttei niin kylmiä kiviä kiukaassa,
että tukki olisi nostettu.

Siitä tarkkoja miehiä isät.

Mexicanakeitto maistuu aina lauantaille,
tulovilakka keittiö ja huurtunut ikkuna
estää näkymästä ulos.

Radiossa luvataan heikkenevää

mutta minä en halua enää
työntää kuulaa pihatiellä, tässä iässä ajatellaan
pillua ja elämän totuutta,
otetaan pitkin hampain vastaan
kaupungiton yö makkara mahassa.

Joka aamu on armo
sunnuntaina maamiehen tietolaari
katuja ajomatkan päässä.

Kaitavedentie

338

niin kuin päiväs, niin on tämäkin
roudan repimä.

70-luvulla Aunessilta vei
Paarlahden toiselle puolelle satumaahan
niin että otti mahanpohjasta
kesäkuun alussa ja perjantaisin

takaisin sunnuntai-iltaan
pikkuhiljaa kasvavassa letkassa.

Sitten muutuin vieraaksi
osaksi sen pitkiä kesiä.
Kertovat siellä toisilleen, että lähdin.

Selkäni takana

tyhjää polkeva kaupunki vihreä sekin.

Kesä ja huoneeni seinällä

lukulampun viereen ripustettu allakka,

siitä irti repäisemättä jääneet lehdet.

Ne irtoavat yhdellä nykäisyllä

ja niin kaikki on taas ajan tasalla.

Tapetissa puksutttaa siipirataslaivoja.

Päiviä ei tarvitse laskea,

niitä on loputtomasti.

Kesän viimeistä iltaa seuraa

kesän ensimmäinen aamu.

Ennen juhannusta ajan pyörän Jäminkipohjaan.

Velaatan kaupalla matkaa on jäljellä kolmannes,

sitten kahden kilometrin myötäle vailla ajatusta,

että tämä on kerran ajettava toiseen suuntaan

viuhahdan pikkuaivot putkella asioiden edelle.

Työn alla on vasta nopea oppimäärä kaikesta

ja maa vetää vielä puoleensa nousevalla voimalla.

Kestääkseni minun ei tarvitse olla kova.

Kallio on uurteinen ja lämmin.

Siihen on kirjoitettu groteskeilla aakkosilla

Jäminkipohjan maksiimi.

Luin sen kerran, kun olin menossa alaspäin

vavan ja matopurkin kanssa.

Jätin sen sateen huuhdottavaksi,

auringon kirkastettavaksi lukemattomiksi vuosiksi

olemaan, kunnes elämä ruohottuisi niin,

että sen kuin nurmen voisi ylittää

ilman, että tarvitsee

keittää kokoon enää yhtään kalajuttua.

Näet minut kiveä ja vihreää vasten vanhana.

Kierrän tätä mäkeä neljättä polvea
enkelinlämpöisissä jäljissä.

Kaivan askista sisun
niin kuin työmies tupakin,

kävelen samean runon tavoin
tuttuun valkamaan
selän ääreen,
jolta kuhat jo kauan kaikkosivat.

Näiltä kiviltä olen lykkinyt venettä vesille,
miettinyt ehdinkö kyytiin
vai putosinko matalaan
rapusumpun viereen.

Joten turha kuule selittää että
ei saa laulaa järvenrannasta.

Pellon yli kulkeva sähkölinja häviää.

Maisema kasvaa kiinni.

Puut lehtivät kunnaalla ja pasianssi menee läpi

ensi kerralla,

ensi kesänä löydän Jäminkipohjan tähden.

Hyväksyn valkoiset läiskät kartalla,

adaptoidun tutkan ruudulla näkyvään vihreään.

Kallion päältä, järvenrannasta

Juoksen unissani
tyttäreni kanssa kilpaa.
Maali on vaaleanpunaiseksi röttelöityneen
työväentalon kohdalla
ja maisema sinne päin.
Loppusuoralla pitää kysyä tietä.

Ei se ole kumpikaan tuntemistani tyttäristä,
vaan sellainen yleistytär,
jonka keveästi nousevia jalkoja kadehdin.

Mutta aikaa ottava kummisetä on aito,
muistaa aina merkkipäivät
vähän myöhässä
ja aitoihin minä unissani usein törmään.

Purkavat kerrostaloa.

Maisema arkistoituu digimuistoisiksi kuviksi

ja omistusoikeuteni siihen

käy vuosi vuodelta kyseenalaisemmaksi.

Menetän otettani,

mutta vanha kylänraitti pitää omansa.

Se vie minut työväentalon sivuitse

vihreään, jonka luulen olleen täällä aina.

Puhki pidettyjä kesiä on enemmän kuin ennen,

mutta aurinko laskee yhä Jäminginselkään.

Kuulen edelleen veden kihisevän sen jäljiltä,

tuomiokirkon kellot ja valuuttakurssit

keittiön Blaupunktista

ja jokin saa minut kulkemaan vähä-äänisin askelin

kun lähden jätettyäni avaimen jemmapaikkaan

toisten tulla.

Vastavalosta piirtyy muistikortille hämärä maa.

Mäki on loivempi kuin lapsena,

eikä sora saa enää jalkapohjia aristamaan.

Tien pinta on varannut lämmön

päivistä ja hyväntahtoisista ihmisistä.

Kävelen tästä puhellen hiljaa vuodesta toiseen

pystymättä valitsemaan, minkä kohdalle pysähtyä.

Tämä kymmenien kommootioseuranta.

Minun täytyy kirjoittaa itseni

tältä muistojen silttimaalta,

sille pysähtyneeksi kuvittelemastani ajasta.

Kävelen entiselle koululle ja näytän rivit

sen pihaa mittailevalle runoilijalle,

odotan, että hän sanoo niistä jotakin

musertavaa.

Rautatietä kylään ei tullut,

mutta jätepiste on

ja nopeusrajoitus, joka saatiin pian sen jälkeen

kun koirani jäi auton alle

kauan sitten sunnuntaina.

Ajattelen sitä kävellessäni liikennemerkin ohi.

Seuraavaksi kuusikymppiä, ei helvetti.

Makaan valveilla ja tavoittelen taivasta

puolivaloisen yön läpi.

Kuuntelen tuulenkäyntiä talonkulmalla,

kulkeeko supi pihan poikki.

Muistelen sängyn narinaa hääyönä.

Tiellä kulkee vain kuolema

ja sekin Kekkoselle päin jotenkin poissaolevana.

Pystyisin elämään aikani ilman Jumalaa,
mutta on mukava puhella kesäyössä,
kun on sinä
tässä pikku hiljaa hämärtyvässä maailmassa,
joka saa olla
jäädä
selittämättä.

Tuohon oven kulmalle Arvi toi pinon

Outsideria ja Marton Taigaa muuttokuormastaan.

Klaus Karman kuukasvot odottivat kotiintulijaa

ilta-auringossa.

Ne putosivat kaikki.

Opin vihaamaan

tulisit sinäkin ulos,

uisit & ruskettuisit –puhetta,

rakastamaan

heräämistä sateen rapinaan ikkunassa.

Porraslankut kaipaavat pikaista kunnostamista.

Niillä eväillä kasvoin ulkopuoliseksi.

Niteet ovat tallessa kirjakaapin verhon takana.

Osan hinta on noussut,

jokaisen arvo mittaamaton.

"Oli vanhan koulun ranta, kallion päältä järvelle antava helsinkiläistohtorin huvila ja niin edelleen. Kärppäkallio, jolla oli istuskeltu lapsesta lähtien monet päivät ja tunnettu takapuolessa kesän kiveen varaama lämpö. Mutta ennen kaikkea oli polveileva rantaviiva, siihen ulottuva lepikko sinne tänne siroteltuine koivuineen ja kortteikko, jossa hauet mulauttelivat veden kalvoa."

En kuulu enää tänne.
Ääneni on käynyt käheäksi
tai ympärilläni kohisee enemmän kuin ennen.

Naiset jäävät talkoisiin, minä lähden
kirjoittamaan erokirjettä.
Se on ollut 90-luvulta vailla pistettä.

Lupaan itselleni, että onnistun vielä.
Tässä iltavalossa uskon siihen jonkin verran.

Tämä nafti hehtaari, jota ei ole tarkoitettu
ympärivuotiseen käyttöön.

Vihreä maa.

Vihreä kanootti,

jonka joku tiesi hakea keväällä -19.

Viedä mukanaan

minulle turhaa ja tarpeellista.

Kertovat Sefaniaksen

kääntäneen kylkeä kirkkomaalla

ja ajatelleen tätä mäkeä ja kansaa.

Käyneen kotonaan ja istuneen taas kamarissa

kirjoittamassa punavankeja vapaaksi leireiltä.

Torpparin tyttären pojanpojanpoika murehtii nyt

jonninjoutavia.

Kansakoulussa hävetti, kun meillä oli mökki.

Kellään muulla ei ollut,

mutta jonkun isä oli kotoisin Teiskosta.

Muitten isät ja äidit olivat oikeissa töissä

ja niillä oli oikea kesäloma.

Meillä häivyttiin maalle kohta koulun loputtua.

Nykyään mökki ei hävetä, se syö muuten vain,

ilta-aurinko paistaa edelleen lännestä

keittiön pöytään

illansuuhun katetun perunan ja savulahnan ääreen

ja kasvattaa tunti tunnilta varjoa

etupihan nurmikkoon.

Näyttää, ettei siitä pääse.

Maisema aukeaa

iholle käyvänä ja lahjomattomana.

Salarakkaana.

Mökkiin vedettiin sähköt,

kun ei tarvinnut enää

selittää persaukisuutta

sillä, ettei mökillä sovi olla mukavuuksia,

pidetään vain kivaa kaasuhellan kanssa,

loppukesällä öljylampun valossa.

Vesijohto saatiin sinä vuonna, kun vaari kuoli

ja kaivon kuivuminen lakkasi huolettamasta

häntä muutenkin,

mutta yhtään kunnon tuolia

tänne ei ole siunaantunut, laituri lahonnut

ja vene jäänyt rannalle,

minä rannalle vähän kaikesta

hengittämään tarinoita, jotka ottavat muotonsa

siellä, missä käydään tontin rajoja

puhuen vain tarpeelliset

kunnes tiedän paikkani ja ymmärrän

ajan aina kolkuttelevan kantapäillä.

Mieleni seikkailee ylävesillä.

Vilppulan saha on tulessa.

Historia ei toista Jäminkipohjaa.

Sillä ei ole siihen taitoa eikä aikomusta,

itse luon ajanhenkiä liikkumaan vetten yllä.

Katson kallion päältä

juhannuskokkoa entisen saha-alueen rannassa

ja paria sulavaa matkavenettä sen laiturissa

innostumatta niistä sen enempään

annan itselleni rauhan

olla rantaviivaa.

Hauki maistuu Jäminginselän kortteikkorannoille,
uudet perunat alkukesän täyttyneelle odotukselle.

Ne tienoot tuntevat minut, minä ne
kulkeutuvat myös tämän vihreän keskelle
hyvänkuun nousuun Taidekaupungissa
varmistamaan, että pysyn kallion päällä
laulamassa järvenrannasta.

Tämä on venynyt seitsemälle kymmenelle
ja jatkuu kunnes kuolema kuittaa
viimeiset auringonlaskut,
eikä siitä lapusta hyvitetä kassalla edes kolikoita.

Aurinko ei ole noussut yhtenäkään päivänä,
nähnyt täällä ainuttakaan onnellista kesää.

Rokki ja kalja ovat tuntuneet aina vääriltä,
paneminen satunnaisesti oikealta.

Kaikki paikat notkollaan lapsuutta
ja porvarien hillittyä charmia.

Harvoin olen saanut täällä edes kirjoitettua.

Mihinkään se ei laske.

On tultava keskitalvella,
seistävä keskellä pihaa puolisääreen vajonneena.

Nähtävä toisin, kuunneltava oikein.

Annettava pallon asettua otolliseksi.

Tehtävä auringolle vuorosanat
tuleviin onnellisiin kesiin.

Melonimies aloittaa

siitä, mistä paappa melonimiehenä.

Vain aika ja melonimies ovat toiset kuin silloin.

Ylittää nurmen, jolla pelattiin

vuoden 1974 maailmanmestaruuskisat,

hakee kulkuunsa vakauden

jota vaaditaan tällä maalla.

Uusi kesä valon särkyä lehvästön läpi.

Heimosodat

vapaussodat

maailmojen sodat

kaikki niistä jäänyt tappaminen

saa tämän viittatien kulkijan hiljaiseksi

ja se, miten minun ja Jaskan kävi talviaamuina,

mahduimmeko seiskan bussiin

Tampereen linja-autoaseman pysäkiltä.

Tarinat syntyvät kerros kerrokselta

kierros kierrokselta kuudetta polvea

Melonimies ja minä ja herramme muurahaiset

hämmennämme historiamme mäensyrjään,

rokkaamme vapaata maailmaa

kunnes kasvamme tästä kertomuksesta

vuorollamme.

Kustaan päivä
ja sen jälkeen koko kesä.

Seurakunta hoitaa haudat ja omenat
ripustetaan oksiin varttumaan.
Käydään Vinhan kirjakaupassa pokkariostoksilla.

Keväiset tuulenkaadot halkeavat klapeiksi
ja kaikki tämä on
kuusten lomasta kurkistelevaa järveä vasten
kuin jokin iankaikkisuus.

Keskiyön messu.

Äitieni kieli, isien maa.

Omin.

Ehkä kuljen vielä kerran elämäntietä länteen

ja lunastan langenneen arvan.

Poissaolooni ei voi luottaa,

siinä kuva on mallinsa kaltainen.

Mutta Taivasten valtakunnan perimistä epäilen.

Väitteet Jumalan kuolemasta

tuntuvat minusta epäuskottavilta.

On kesä. Kello on yksi,

aika toinen kuin tämän alkaessa,

mutta sama taivas tulee kohti, ikoni

tähtitaivas kuitenkin

ja sen valomerkit rohkaisevat toivomaan.

Blaupunkt soi jossain

progressiivista rokkia 70-luvun radio-ohjelmasta

niin kuin pitäisi taas kinastella

kuka lähtee kauppaan äidin asialle juuri nyt.

Kaikki on juuri nyt.

Kaikki ollut, paljon ollut hyvin.

Ikkuna antaa kirkkauteen,

klikkaan ikonia ja annan kunnioituksen palata

sinne, minne sen kuuluu.

Supi kulkee pihan poikki

ja toteuttaa Jäminkipohjan maksiimin.

Tie on hiljainen, odottaa.

Taloustieteen hidas oppimäärä

Kuvittele, että on taivas,

sillä aurinko ja sen alla miehet

muistelemassa kalareissua elokuussa.

Jumalatonta saalista Pekkalanlahdella.

Siinä paratiisi päiväksi

ja hyväksi matkaksi alkavaa yötä.

Kuva. Tunnelma.

Tapasimme sen kalankäynnin jälkeen
siunauskappelissa.

Mahduimme samaan elämään pukumiehet.

Saateltiin ainoa Temisevällä syntynyt meistä.

Jäätiin odottamaan jatkoa.

Mieleeni tulee kysyä jotakin,

mutta sinä olet nyt kuollut

eikä sinua pidä häiritä

kaikennäköisellä.

Kuulen äänesi

vielä monta kertaa ennen kuin uskon,

että tämä on liikahtanut jotenkin eteenpäin.

Elämä vaivaantumisineen

on käyttötavaraa

ja kaikella kaarensa.

Automiehenä tiesit, että Opel kestää

sen minkä sinä.

Siitä syntyi muisto siihen portaiden edustalle.

Juotiin kahvit

ja syötiin munkit, jotka olin ostanut kirkolta

kolmenkymmenen prosentin alennuksella.

Puhuttiin niistä, mistä ei puhuta tässä.

Näin meni päivä,

toisenlaiseksi luotu aika valui käsistämme

talon kehystäneeseen vihreään.

Sen jälkeen, kun säkillinen kiviä oli päätynyt

konkelolle jääneeseen kuuseen

ja kaatopaikkakuormaan nostamamme

pesukoneen painon selittänyt

sinne pari vuotta aikaisemmin unohtunut

lakanapyykki,

oli paikallaan esittää kysymys

miksi meidän hommat menevät aina

tällaisiksi

istua hopeapajun alle katetulle päiväkahville,

jättää vastaus myöhäiskesän auringon

ja meitä tervehtimässä käyvän

vireen kerrottavaksi.

Antaa olla tasan.

Santsattiin,

kunnes santsattavaa ei ollut.

Kirjoitettiin valinnanvapauden lyhyt historia.

Istuttaa ja kitkeä.

Säilöä.

Kaikella on aikansa hopeapajun alla.

Hyvä tuuli puhaltaa omenatarhan läpi.

Puut tunnetaan hedelmistä.

Kestää kesän viimeinen lehmänhenkäys

ja olla tässä

vaikka aavistaa jo jonkun pysähtyneen

vartoilemaan kuusiaidan päähän.

Sitten aika kadottaa.

Olla

ja opetella olemaan

markkinoiden maailmassa

tekemättä numeroa.

Taloustieteen hidas oppimäärä

hopeapajun alla.

Tämä on viimeinen syksy.

Kuvan alla ei lue niin,

ettekä ole siinä veljekset kuin ilvekset,

sinä Tapparan mies,

isoveli enemmän taitoluistelujengiä.

Sen kuvan jälkeen vain

kaikella ystävyydellä valotettuja mielikuvia.

Suljettuina siihen siunaukseen,

että jokainen syksy on viimeinen

ennen sitä, mistä emme vielä tiedä mitään.

Tiesimme, että merkki on päällä,
eikä elämä enää hyvä räpylässä.
Syötön noustessa olisi aika edetä.

Lauloin sen, mitä toivoit
ensimmäisestä joulusta.
Pyhä tuli luoksemme hiljaisena järveltä päin.

Kyllä me vielä nähdään.

Heilautan kättäni lähtiessäni.

Ovi kolahtaa sulkeutuessaan kotoisasti.

Sanoihisi kasvaa väristys.

Synnyit sodan jälkeen

siitä hyvästä, että vaari sai taas maata

lakeudella rauhassa toinen lämmin siinä.

Teitä seisoi luokkakuvissa monta.

Teidän jälkeenne kestävyysvaje.

Latu vei.

Pitkänmatkan perinteinen.

Resilienssiä perkele!

Istun tammikuun aamuna työhuoneella.

Sairaalan pihavalo tirkistelee kaihtimen väleistä

kun mietin, miten olet lähellä

alakerran säilytystiloissa.

Mutta kuoleman jälkeen ei tule kylmä koskaan.

Kyllä sen on saanut elää.

Sanasi tuovat minut näille maille
etsimään sitä, minkä nimetä.
Minkä tunnen itsekseni,
versoksi tätä vihreää.

Tässä horisontissa aurinko on näin.

Kaikki kellarin rapusta haettu sitruunasooda

ja pohjaan juodut kesät,

serkusten aitassa kertomat kummitusjutut.

Mummun tekemän kaalikeiton tuoksu keittiössä.

Juusto- ja makkarasiivut

Vankasta haetulla hiivaleivällä

elämä kerros kerrokselta iltateellä.

Pihakeinu narisee.

Sen liike pysähtyy ja alkaa uudelleen.

Läsnä on kaikki, mitä tarvitsee muistaa.

Piha ei ole autio,

mutta sinusta se on tyhjä.

Pääni liimaa kollaasia uskottavaksi.

Joskus kiersin tällä mäellä tahkoa.

Nyt kuuntelen puita kutittelevaa tuulta,

jotta saisin työkaluni taas teräviksi.

Suru käy työstä, kun sille on annettava nimi.

Hiivumme näihin maihin sen jälkeen,

kun elämä on ollut moniaalla.

Jätetään tämä tähän, ehkä se ei ollut niin iso juttu.

Rocktähti panee kartalle nuppineulan,

joka osoittaa läntisintä paikkaa

missä hän on nainut,

muuntamoharrastaja merkitsee itäisimmän

puutornimuuntamon koko maailmassa.

Meilläkin olisi jotakin neulattavaa näille kohdin.

Sivut täyttyvät

tarinoista, joita kerromme toisillemme.

On puhuttava nyt tai vaiettava.

Myöhästyneitä aforismeja ei huomioida.

Pinolla on korkeutta kaksitoista ja puoli senttiä,
painoa 5,3 kiloa.

Kansantalouden tunnuslukuja

iskutilavuuksia

vesimittarin lukemia

vihkoon menneitä verenpaineen kirjauksia

potenssilaskuja ja lapsilukuja,

keskimääräistä kulutusta.

PSA ja senkka nenästä,

vetoisuuksia ja kuppikokoja,

merkintöjä sähkön siirtomaksuista. Kaikki virtaa.

Saalispäiväkirjoihin viedyt

153 kiiltäväkylkistä Genesaretinjärveltä.

Miksi on osoittautunut

tämä lakisääteinen elämä.

Collatzin konjektuuri,

vuosien kymmenien päiviö.

Aurinko laskee Jäminginselän rantamailla
puolitankoon.

Se tekee viivan alle ristinmerkin,
eikä mikään ole autiota ja tyhjää.

Kantatien äänet kertovat toisista ihmisistä.

Järven pinta päilyy ja kätkee

sen, mikä ei kuulu muille.

Maisema on aavistus.

"Sano nyt ja huomaat, että se nyt meni jo."

Sanojen jälkeen ikiloikka, termiikki ja hiljaisuus.

Näillä väreillä

Vanha 338 on uljas.

Sille on laskettu uutta asfalttia.

Vasikat voidaan laskea sitä myöten kesälaitumelle,

halukkaat pääsevät uimaan pojat ja polskifiiat.

Saadaan sakkolihaa Terälahden šikaaneihin.

Töyssyt painuvat sedimentteihin,

kunnes tie näyttää taas keskisormea

ja routa repii siihen kommenttinsa

millaista kuuluu olla matkalla

riemunmaahan Paarlahden tuolle puolelle

ja miten kesän tulee käydä pyörien päälle.

Että olisi edes se pysyvää

sähköjen ja vesijohdon vetämisen jälkeen

miten kumin puhkeaminen vie hehkun

elokuun illasta ihan kaiken vihreän keskellä.

Hetken valo ulottuu meihin hetkellisiin ja soi

kesäillan valssi kaksirivisellä.

Katson kallion päältä

iltavalon leikkimää järvenpintaa

vastarannan tummaa metsää

kysyn

pystyykö kynäni

kirjoittamaan näillä väreillä.

Vain moottorisaha kurnuttaa enää näillä main

ja katkaisee pihan reunassa tirskuvat lepät:

metsä vetäytyy kurottautuakseen taas nurmikon yli

kohti tietä ja kuusten sekaamaa koivikkoa

välissä talo, minkä vihreältä voi,

viisikymmentä kulunutta vuotta

mustavalkoisia kuvia,

sitten muistot saavat väriä, silmissä pyörii

kaitafilmejä täynnä vainajia

mummu ja paappa Pohjanmaalta

mummu ja vaari Kuoppamäestä

naapurin lehmät poissa kaikki

lapset juoksevat taloa ympäri

Viren johtaa, puut odottavat karsintaa

viisikymmentä kulunutta vuotta:

pyyhin hikeä jäminkipohjantekstiiliin

paarmanpuremat kutiavat,

auringon lasku on punainen, se hehkuu niskassa
ja tekee tytöille viivan selkään poikittain

aina uusissa kesissä, aina uusissa kuvissa
lapset tulevat nurkan takaa
minä odotan jo hetkeä, jolloin varjo lankeaa
ja päälle pyörähtävät laiskan mielen kuvatallenteet,
lasissa vaitelias viini
ikkuna auki eurooppalaiselle tielle
jota postiauto ei enää mene neljän jälkeen
mutta ihmisillä riittää yhä asiaa toisilleen
tien takana peltoa ruisrääkän huutaa.

Autot jurraavat mäkeä iltavaloon,
niin on ollut viisikymmentä kulunutta vuotta
moottorisaha kurnuttaa, sillä on vasta lauantai
savulonkero nousee saunanpiippua
ja aurinko särkyy lehvästön läpi aina uusiin kesiin.

Maisema on keltainen.

Rannassa on sauna valmis ja toinen kallion päällä.

Vesi on lämmitä,

kaakkoistuuli ei ole myllännyt lahtea.

Veneet halkovat verkkaan selkää,

niistä naarataan naapurinmiestä.

Keltainen kypsyy punaiseksi,

valo ja varjo sivellään illaksi.

Kesä kahahtaa koivussa

ja veneet seisahtuvat niemen kainaloon.

Selityksiä, julkaisutietoja, kiitoksia ja omistuksia

Selityksiä

Jäminkipohja on kylä Ruoveden kunnassa, Pirkanmaalla. Tämän kirjan Jäminkipohja muistuttaa tuota vähäistä seutua monessa. Vietin siellä lapsuuteni kesät ja jotakin omistan siellä tänäkin päivänä. Lopulta tässä kuvattu Jäminkipohja on kuitenkin päässäni oleva valtakunta, osa tekstiuniversumia, jossa olen aina omalla maallani. Viime kädessä kysymys on runoissa äänessä olevan puhujan tarinoimasta fiktiosta. Monella runoista on toki siteensä elettyyn ja tapahtuneeseen, mutta kaiken yllä makailee vastaan väittämätön *poetic licence*.

Runoja ei pitäisi selittää, vaan niiden tulisi aueta lukijalleen niin kuin hyvin käy. Vähän kuitenkin selittelen:

Sata-amppeerinen (s.13): Datsun 100 A, 1970-luvulla yleinen henkilöauto, jossa oli keinonahalla päällystetyt istuimet.

338 (s. 16): Tampereelta Teiskon kautta Jäminkipohjaan vievä tie ja virsi *Päivä vain ja hetki kerrallansa*. Samaan tiehen ja virteen viitataan myös runossa *Vanha 338 on uljas* (s. 67).

73

"Kävelen entiselle koululle ja näytän rivit sen pihaa mittailevalle runoilijalle" (s. 26): **Eero Havas** (1899-1968) oli kansakoulunopettaja ja kirjailija, joka opetti Jäminkipohjan lapsia Pekkalan koululla vuosina 1927-1954. Hän oli taistellut Suomen vuoden 1918 sisällissodassa valkoisten puolella ja osallistunut sittemmin myös Viron vapaussotaan ja suomalaisten vapaaehtoisten sotaretkeen Aunukseen. Ruoveden vuosinaan hän julkaisi teokset *Ratsumies* (1928), *Viittatie* (1935) ja *Kierros kierrokselta* (1945). Havakseen ja hänen tuotantoonsa viitataan myös runossa *Heimosodat vapaussodat maailmojen sodat* (s. 39). Havas toimi aikoinaan Pekkalan meijerin isännöitsijänäkin ja oli mukana sekä kunnan että seurakunnan elimissä. (Lähteenä käytetty Wikipedian artikkelia Havaksesta).

Arvi (s. 29): **Arvi Harimo** oli Pekkalan koulun opettaja, joka jäädessään eläkkeelle jossain kohdin 1970-lukua lahjoitti minulle muuttokuormastaan merkittävää kirjallisuutta.

Sefanias (s.32): **Sefanias Virtanen** (1872-1951) oli isovaarini, Pekkalan kartanon pitkäaikainen metsänvartija ja maatalousyhteisön paperimies. Pyydän Virtasen papalta anteeksi, että tökin häntä kylkeen ja haastoin jaloittelemaan.

Historia ei toista Jäminkipohjaa (s. 35): runossa viitataan Jäminkipohjassa sijainneen Pohjan sahan tuhoisaan paloon äitienpäivänä 1979. Katsoin sitä kallion päältä.

"Saateltiin ainoa Temisevällä syntynyt meistä" (s. 46): tämä viittaa **Aira Johanna Virtaseen** (1908–1990), joka vaarini **Yrjö Paarlahden** (1905–1976) sisarussarjan nuorimmaisena syntyi perheen jo muutettua Temisevälle, siihen meidän mäkeen.

"Rocktähti panee" (s. 61): Eräs suomalainen muusikko kertoo kirjassaan merkinneensä karttaan paikkoja, joissa on nainut. En mainitse muusikon nimeä, koska idea itsessään on minusta vähän nolo. *Muuntamoharrastaja* puolestaan on kirjailija **Maarit Verronen,** jonka teosta *Puutornimuuntamot - Tarinoita sähkönsiirrosta* (Aviador 2017) suosittelen kaikille, joilta lukeminen onnistuu. Se on valloittava kirja ihmisten mielenkiinnosta kaikenlaiseen jännään ja siitä, kun ihmisillä on halua olla toisilleen avuksi.

"153 kiiltäväkylkistä Genesaretinjärveltä" (s. 62): Pietarin ja hänen ystäviensä kalansaalis *Uudessa testamentissa* (Joh. 21: 1-9).

Collatzin konjektuuri (s. 62): Matemaattinen väite, jonka mukaan tietynlaiset lukujonot päättyvät samalla tavalla riippumatta siitä, mistä luvusta ne aloitetaan. Wikipedia kertoo varmasti aiheesta enemmän.

"Sano nyt ja huomaat, että se nyt meni jo." (s. 64): Poiminta **Heikki Päiviö Paarlahden** (1945–2019) siunauspuheesta Vatialan kappelissa tammikuussa 2020.

"Pyyhin hikeä jäminkipohjantekstiiliin" (s. 70):
viittaa jäminkipohjalaiseen tekstiiliiliikkeeseen.

Julkaisutietoja

Jäminkipohjan maksiimi sisältää 13 aikaisemmin
julkaistua ja 44 uutta tekstiä. Aikaisemmin
ilmestyneiden tekstien julkaisutiedot ovat alla,
muut runot ovat nyt julki ensimmäistä kertaa.
Vanhoja tekemisiäni en ronkkinut, vaikka mieli
teki.

Silmänpohjastani otettiin kuva (s. 7): tekijän
kokoelmasta *Jäminkipohja Sundae* (BoD 2015).

En haluaisi viedä (s.11), *Vähän sen jälkeen* (s. 12),
Sata-amppeerisen penkeissä (s. 13), *Kun olin lapsi*
(s. 14), *Mexicanakeitto maistuu aina* (s. 15): tekijän
kokoelmasta *Taivas on harmaa Cadillac.
Partisaanimusiikkia* (Runogalleria 2000).

Kaitavedentie (s. 16): Julkaistu **Matti Kivi-
lahden, Marjatta Norojärven, Teemu
Paarlahden** ja **Tomi Voroninin**
yhteiskokoelmassa *Seudut, maat* (2018).

Kierrän tätä mäkeä (s. 19): tekijän kokoelmasta
Taivas *on harmaa Cadillac. Partisaanimusiikkia*
(Runogalleria 2000).

Juoksen unissani (s. 23): Julkaistu teoksessa
Runo100. Toim. **Markku Heino** (Reuna 2017).

"Oli vanhan koulun ranta..." (s. 30): Katkelma novellista *Järvellä kajahtaa laukaus*, joka sisältyy tekijän kirjaan *Vanha 55*. Ensimmäinen, toinen ja kolmas matka (BoD 2019).

Katson kallion päältä (s. 69), *Vain moottorisaha kurnuttaa* (s. 70) ja *Maisema on keltainen* (s. 72): tekijän kokoelmasta *Jäminkipohja Sundae* (BoD 2015).

Kiitoksia

Tampereen likka: kaiken muun muassa juurileivästä, kalakeitosta ja ymmärtämisestä.

J.V. Teräs: runon *Kestääkseni minun ei tarvitse olla kova* (s. 16) sisältämästä viittauksesta **Boris Pasternakin** runoon *Hamlet* (suom. **Arvo Turtiainen**).

Omistuksia

Jäminkipohjan maksiimi on kokonaisuudessaan omistettu *Cadillacille*. Se tarkoittaa, että tämä kollaasi juhlistaa sitä, että ensimmäinen runonippuni *Taivas on harmaa Cadillac*. *Partisaanimusiikkia* ilmestyi loppuvuodesta 2000. Tuntui siis tarpeelliselta julkaista jotakin loppuvuodesta 2020 ja se on nyt tässä. Olin voittanut *Cadillacin* käsikirjoituksella Vankilatyöntekijöiden kulttuuripäivien sanataiteen sarjan, siihen sisältyi myös vuonna 1997 Hämeen heimoliiton palkitsema runosarja *Annan anteeksi pojalle*. Kirjan julkaiseminen tuntui tuolloin, kaksikymmentä vuotta sitten, merkittävältä. Ehkä se olikin. *Cadillac* on jo kauan ollut poissa myynnistä, osia siitä on julkaistu muiden tekstieni yhteydessä, muun muassa kokoelman *Sundaen jälkeen* (Mediapinta 2017) loppukaneettina. Jäminkipohjasta totisempi kirjoittamiseni aikoinaan alkoi ja jotenkin se on roikkunut tekemisissäni tavan takaa. Ehkä siksi, että suhteemme on ajoittain ollut luvalla sanottuna vaikea. Puhukoon tekstit siitä sen, mikä on tarpeen. Mutta jotenkin me toisissamme edelleen olemme. Eli polta Caddy kumia ja jatka hyvää matkaasi.

Runosarja *Taloustieteen hidas oppimäärä* on omistettu setäni **Heikki Päiviö Paarlahden** (1945-2019) muistolle. Hänen mentyään Jäminkipohjassani on tyhjä paikka. Minulla oli ilo jakaa setäni kanssaan monta hyvää hetkeä ja monta pannullista kahvia. Tammikuussa 2020 minulla oli kunnia siunata hänet matkoista viimeiselle. Oli niin kuin enkeli olisi laulanut jossain. Tai **Katie Melua**.

Jäminkipohjan maksiimin jälkeen otan käyttööni uuden muistikirjan. Se on tyhjä.

Mäntässä heinäkuussa 2020

Teemu Paarlahti

Sisällys

Teemu Paarlahti

– syntynyt 1963 Janakkalassa, kotoisin oikeasti Tampereelta

– asuu nykyisin Mänttä-Vilppulan taidekaupungissa

– toiminut pappina vuodesta 1987 maalla, merellä ja kaupungissa, huhtikuusta 2004 alkaen Tampereen seurakuntien sairaalapastorina

– aikaisempia teoksia mm. runokokoelmat *Jäminkipohja Sundae* (BoD 2015) *Ennen kesää kadotus (ei-noir)* (BoD 2020) ja *Vain tuuli tyyntyy yöksi* (BoD 2019), novellikokoelma *Radan varrella Waterloo* (Kustantamo Helmivyö 2018), näytelmällinen revittely *Meidän Luther* (Mänttä-Vilppulan seurakunta 2018) ja elämän matkakirja *Vanha 55 – Ensimmäinen, toinen ja kolmas matka* (BoD 2019)